헷갈리는
초등
어휘력

**헷갈리는
초등
어휘력**

초등 국어 실력 키우는
단어 100

초판 1쇄 인쇄 2025년 6월 11일
초판 1쇄 발행 2025년 6월 18일

지은이 정가영

발행인 장상진
발행처 (주)경향비피
등록번호 제2012-000228호
등록일자 2012년 7월 2일

주소 서울시 영등포구 양평동 2가 37-1번지 동아프라임밸리 507-508호
전화 1644-5613 | **팩스** 02) 304-5613

ⓒ정가영

ISBN 978-89-6952-622-9 73710

· 값은 표지에 있습니다.
· 파본은 구입하신 서점에서 바꿔드립니다.

어린이 제품 안전 특별법에 의한 표시
제품명 도서 **제조자명** 경향BP **제조국** 대한민국 **전화번호** 1644-5613
주소 서울시 영등포구 양평동 2가 37-1번지 동아프라임밸리 507-508호
제조년월일 2025년 6월 18일 **사용연령** 8세 이상
※ KC마크는 이 제품이 공통안전기준에 적합하였음을 의미합니다.

헷갈리는 초등 어휘력

초등 국어 실력 키우는 단어 100

정가영 지음

경향BP

안녕하세요, 친구들!

'학교'라는 낱말을 들으면 어떤 것들이 떠오르나요?
사실 우리가 학교라는 낱말을 읽고 쓸 수 있다고 해서 '학교'에 대해 다 아는 것은 아니에요. '학교'를 어떻게 생각하고, 어떤 감정을 가지고 있는지, 어떤 일이 일어나는 곳인지 알 때 그 낱말을 제대로 이해하고 사용할 수 있어요. 그러므로 어휘력은 단순히 낱말을 아는 것뿐만 아니라, 그 낱말이 가지고 있는 의미를 어떻게 표현할지 아는 능력이라고 할 수 있겠지요.
어휘력은 우리가 말하거나 글을 쓸 때 매우 중요한 역할을 해요. 아는 낱말이 많으면 생각을 더 정확하고 풍부하게 표현할 수 있거든요. 하지만 어휘력은 한 번에 완성되는 것이 아니에요. 꾸준히 노력하고 새로운 낱말을 배우며 쌓아 가야 하는 것이지요.
선생님은 여러분이 더 멋진 말을 배우고, 그 말을 잘 사용할 수 있도록 도와주기 위해 이 책을 썼어요. 귀여운 캐릭터들이 풀어 가는 짧은 이야기를 통해 새로운 낱말을 배우는 것뿐만 아니라 그 낱말을 실제 생활에서 어떻게 활용할 수 있는지를 알 수 있어요. 책에서 새로운 낱말을 발견하고, 재미있는 생각을 하면서 어휘력을 쑥쑥 늘려 보세요. 그러면 어느 순간 멋진 어휘력을 자랑할 수 있는 사람으로 성장할 수 있을 거예요.

우리 함께 어휘력을 키워 가며 더 멋진 언어의 세계로 떠나 볼까요? 여러분의 즐거운 어휘력 여행이 지금 시작됩니다!

차례

머리말 _ 4

등장인물 _ 10

가

가제 _ 12

거르다 _ 14

걸상 _ 16

견주다 _ 18

고루하다 _ 20

고지식하다 _ 22

교역 _ 24

굼뜨다 _ 26

글피 _ 28

금일 _ 30

금하다 _ 32

기척 _ 34

기호 _ 36

나

나흘 _ 38

낯빛 _ 40

내달 _ 42

다

단연코 _ 44

단출하다 _ 46

담금질 _ 48

독점 _ 50

됨됨이 _ 52

딸바보 _ 54

바

바람직하다 _ 80

반나절 _ 82

발발 _ 84

발병 _ 86

발암물질 _ 88

버선 _ 90

변변히 _ 92

별안간 _ 94

부단하다 _ 96

부산하다 _ 98

분수 _ 100

불거지다 _ 102

불시 _ 104

마

마른침 _ 56

망명 _ 58

목 _ 60

멋쩍다 _ 62

무료하다 _ 64

무릅쓰다 _ 66

무인 _ 68

무제 _ 70

문구 _ 72

문어체 _ 74

물수제비 _ 76

미처 _ 78

사상자 _ 106

사서 _ 108

사장 _ 110

사흘 _ 112

산수화 _ 114

삼삼하다 _ 116

선잠 _ 118

선의의 거짓말 _ 120

설익다 _ 122

소모품 _ 124

속다 _ 126

송구하다 _ 128

시장하다 _ 130

심드렁하다 _ 132

심심한 _ 134

십분 이해하다 _ 136

아

아름드리 _ 138

연일 _ 140

영문 _ 142

옹기 _ 144

우천 시 _ 146

우유부단 _ 148

유선상 _ 150

은어 _ 152

을씨년스럽다 _ 154

이듬해 _ 156

이래라 저래라 _ 158

익일 _ 160

인용 _ 162

일괄 _ 164

일쑤 _ 166

잦아들다 _ 168

재량 _ 170

잰걸음 _ 172

저급하다 _ 174

조아리다 _ 176

좇다 _ 178

줄기차다 _ 180

중식 _ 182

진지 _ 184

짐짓 _ 186

코웃음 _ 192

턱없이 _ 194

풍성하다 _ 196

하릴없이 _ 198

한살이 _ 200

한술 _ 202

함구 _ 204

햅쌀 _ 206

햇과일 _ 208

호응 _ 210

책망 _ 188

책벌레 _ 190

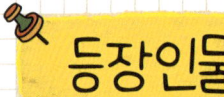

등장인물

상큼한 에너지로
친구들에게 활력을 주는
규리

부드럽고 따뜻한 마음을 가진
보아

활발하고 씩씩하게 생활하는
코니

작은 것에도 기쁨을 찾을 줄 아는
채리

지혜롭게 문제를 해결하는
보라

차분하게 친구들을 도와주는
송이

친구들에게 힘과 용기를 주는
콜리

밝은 얼굴로 친구들에게 웃음을 주는
수미

가제

멋진 그림이다.
제목이 뭐야?

아직 못 정했는데.
가제는 바다 소리라고 해.

바다 소리는 이해가 되는데.

왜 이게 가재야?
이건 꽃게 아닌가?

집게발 가재를 말한 게 아니고

임시로 제목을 붙였다는 뜻의
가제라는 말이었어.

아, 그렇구나.

가제 임시로 붙인 제목

거르다

아침을 거르고 왔더니 힘들다.

아침에 걸어왔다고?

아니, 아침을 거르고 왔다고….

아침을 골랐다고?

아니, 아침을 거르고 왔다고….

조금 먹었다는 뜻인가?

중간에 순서를 빼먹었다는
뜻으로 쓴 말이야.

그럼 아침을 못
먹었다는 말이었구나.

거르다 차례대로 나아가다가 중간에 빼고 넘기다.

걸상

자기가 사용할 책상과 걸상을 닦아 주세요.

의자가 너무 더럽다.

보아야, 왜 의자는 안 닦았어?

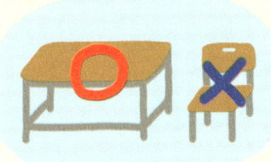

책상을 닦으라고 해서
책상만 닦았지.

걸상도 닦으라고 돼 있잖아.

걸상이 의자라는 뜻이거든.

그런 거야? 몰랐네.

걸상 의자, 사람이 걸터앉는 기구

견주다

게임에 참여해서 친구들과 실력을 견주어 보세요.

나랑 같이 게임할래?

글쎄….

너 게임 좋아하지 않아?

게임은 좋아하는데, 난 강아지를 안 기르거든.

게임을 하는데
그게 무슨 상관이야?

견주라고 하던데,
강아지 주인들이
게임을 한다는 말 아니야?

여기서 견주다는 강아지 주인이 아니라
어떤 차이가 있는지 알아보기 위해
대어 보라는 뜻으로 쓰인 말이야.

그럼 게임할래!

견주다 둘 이상의 것에 어떤 차이가 있는지
알기 위하여 서로 대어 보다.

고루하다

콜리가 이 책의 내용이
고루하다고 했어.

그럼 우리도 읽어 보자.

고루한 책을 읽어 보자고?

내용이 골고루 들어 있으면
좋은 거잖아.

골고루가 아니라
고루하다는 말이야.

고루하다?

고집이 세고 낡은 관습을
가진 것을 고루하다고 해.

그런 책이라면
읽지 않아도 되겠어.

고루하다 낡은 습관에 젖어 고집이 세고
새로운 것을 받아들이지 않는다.

고지식하다

와, 이걸 언제 다 풀었어?

꾸준히 연습했더니 이젠 잘할 수 있게 됐어.

대단한걸?

내가 고지식해졌다는 걸 스스로도 느끼고 있어.

고지식하다고? 　　　내가 너무 잘난 척을 했나?

그게 아니라 고지식하다는 말은 융통성이 없다는 뜻이야. 　　　정말? 나는 지식이 높아서 똑똑하다는 뜻인 줄 알았어.

<u>고지식하다</u> 성질이 답답하고 융통성이 없다.

교역

교통이 불편해진다니 걱정이야.

왜 교통이 불편해지는데?

교통이 축소된다는 말 아니야?

교역은 교통과 같은 뜻이 아니야.

나라와 나라가 물건을
사고 팔고 하는 것을 말하는 거지.

그런 뜻이었구나.

교역 나라와 나라 사이에서
물건을 사고 팔고 하여 서로 바꿈

굼뜨다

나 요즘 살이 쪄서
움직이는 게 굼뜬 것 같아.

말도 안 돼.

살이 쪘는데 어떻게
물에 뜬다는 게니?
가라앉아야지.

음.

물에 뜬다는 게 아니라
굼뜨다고 말한 건데….

굼뜨다고?

움직임이 답답하고
느리다는 뜻이야.

그런 의미였다면 전혀
아닌 것 같아. 넌 항상
나보다 빠르니까!

<u>굼뜨다</u> 동작이나 진행이 답답할 만큼 매우 느리다.

글피

보라야, 언제 놀러 올 거야?

글쎄, 학원에 가야 하니까.
글피에 갈게. 😊

글피? 그래. 알겠어. ㅠㅠ

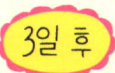

여긴 어쩐 일이야?

오늘 같이
놀기로 했잖아.

내가 글피에 온다고 했잖아.
그래서 3일 후에 온 거지.

난 글피가 무슨 뜻인지 모르고
네가 오기 싫어서
딴 말 하는 줄 알았어.

글피 모레의 다음날

금일

구입하신 물건은 금일 출고됩니다.

콜리야, 무슨 일이야?

목요일에 운동회라서 운동화를 주문했는데 금요일에 올 건가 봐.

운동회 전에 올 것 같은데 왜 걱정해?

네가 그걸 어떻게 알아?

문자에 금일 출고라고
나와 있잖아.

금일은 오늘이라는 뜻이니까
내일쯤 택배가 도착하지 않을까?

다행이다. 나는 금요일에
온다는 줄 알았어.

금일 지금 지나가고 있는 이날, 오늘

금하다

규리야, 너 왜 그쪽으로 왔어?

이쪽으로 오는 게 더 가까우니까….

출입을 금한다고 되어 있는데?

그래서 여기로 왔지.

그게 대체 무슨 말이야?
들어가지 말라는 거잖아.

'금'은 좋은 거니까,
이쪽으로 가라는 뜻 아닌가?

'금하다'는 '금처럼 좋다'는 게 아니라
'금지한다'는 말이야.

정말 그런 뜻이란 말야?
큰일날 뻔했네.

<u>금하다</u> 어떤 일을 하지 못하게 말리다.

기척

앗! 깜짝 놀랐잖아!!

놀랐어?

어쩜 그렇게
기척도 없이 왔어?

뭐라고?

내가 온 게 기적이 아니라니.
대체 무슨 뜻이야?

기적 말고 기척.

누가 있는 것처럼
짐작하는 소리, 기척 말이야.

내가 조심스럽게 나타나긴 했지.

기척 누가 있는 줄을 짐작하여 알 만한 소리나 기색

기호

너희 같은 편이야?

왜?

둘이 같은 옷을 입고 있잖아.

각자 기호에 맞게 고른 것뿐이야.

옷에 별 모양 기호를
넣어서 맞추기로 한 거야?

뭔가를 알리기 위한 기호를
넣었다는 뜻이 아니라,

즐기고 좋아한다는 뜻의
기호를 말한 거야.

모두가 이 옷을 좋아해서
골랐다는 뜻이었구나.

기호 즐기고 좋아함

나흘

콜리야, 여긴 왜 온 거야?

우리 오늘 만나기로 했잖아.

며칠 후에 보기로 한 것 같은데?

나흘 후에 만나.

이거 봐.
오늘 맞잖아.

나흘 후에 보기로 했으니까
아직 며칠 남았잖아.

나흘은 내일을 말하는 거 아니야?

하루, 이틀, 사흘, 나흘,
그래서 4일 후를 말하는 거라고.

너무 어려워.

나흘 넷째 되는 날

낯빛

보아에게 무슨 일 있는 걸까?

왜?

아까 만났는데
낯빛이 어두워 보였어.

어두워? 이렇게
날씨가 맑은데…

날씨 말고 낯빛 말이야.

그러니까 낮이라서 빛이 있다는 말 아니야?

낯빛은 표정처럼 얼굴에 드러나는 빛깔을 말해.

그렇구나.

낯빛 얼굴의 빛깔이나 기색

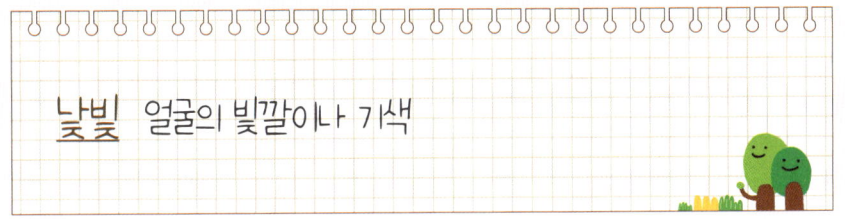

내달

에어컨 고장난 건 고쳤어?

내달 안으로 고쳐 준다고 했는데 아직 소식이 없네.

말도 안돼.

왜?

이제 곧 더워질 텐데 네 달 후에 고치면
여름이 다 지나가 버리지 않을까?

네 달?

내달은 네 달이 아니고 이달의 바로 다음 달을 말해.
오늘이 29일이니까. 다행히 며칠 안 남았네.

겨울이 돼서야 고치는 건 줄 알고
진짜 깜짝 놀랄 뻔했잖아.

내달 이달의 바로 다음 달

단연코

코니야, 어디 아파?

아니.

이번에는 단연코 자격증 시험에
통과할 수 있을 거라고 생각했는데.

너 며칠 전부터 공부
열심히 했잖아.

딱 1점 차이로 통과하지 못했어.

실망이 크겠구나.

이번에 아쉽게 떨어졌으니까, 다음 번에는 단연코 자격증을 딸 수 있을 거야.

그럴 수 있을까?

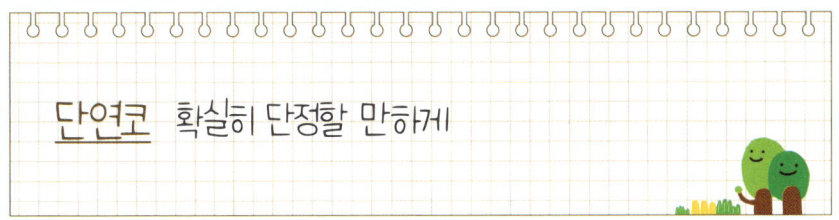

단연코 확실히 단정할 만하게

단출하다

내일 소풍이니까
단출하게 입고 와.

알겠어.

다음 날

송이야, 어디 불편해?

오랜만에 단추 달린 옷을
입었더니 조금 답답해.

편한 옷 입고 오지 그랬어?

네가 단추 달린 옷
입고 오라고 했잖아.

단출하게, 간편하게 입고 오라는
말을 잘못 이해한 것 같아.

그런가.

단출하다 일이나 차림이 간편하다.

담금질

피아노 대회에서 1등 한 것 축하해.

고마워.

그동안 담금질을 한 결과가
이렇게 좋아서 다행이야.

말도 안 돼.

뭐가?

피아노를 물에 담그면서까지
연습을 했다는 거야?

피아노를 물에 담근 게 아니라
열심히 훈련했다는 뜻으로
담금질이라는 말을 한 거야.

그런 뜻이었구나.

담금질 열심히 훈련함을 비유적으로 이르는 말

독점

집앞에 새로 생긴 빵집 알아?   응. 지나가다 봤어.

원래 있던 가게에서
독점하는 것 같아 걱정됐는데….   독이 들어 있었다니 큰일이네.

독이 들어 있는 게 아니라
독점을 말한 거야.

독점?

혼자서 전부 차지한다는 뜻이야.

그동안 가게가 하나라서 그곳만
이용했다는 말을 한 거였구나.

독점 혼자서 모두 차지함

됨됨이

새로 전학 온 친구 성격이
별로 안 좋아 보이지 않아?

외모만으로 그 사람의
됨됨이를 알 수는 없지.

그 친구한테 벌써
뭐 부탁이라도 했어?

아니, 그게
무슨 말이야?

됨됨이를 모른다고 했잖아.
되는지 안 되는지 모른다는 말 아니야?

뭐라고?

됨됨이는 그 사람의 인격이나 품성을 말하는 낱말이야.

민망

됨됨이 　사람이 지닌 품성이나 인격

딸바보

채리야, 가방 새로 샀어?

응. 아빠가 새로 사 주셨어.

지난주에는 아빠께서
운동화 사 주셨다고 했잖아.

맞아.

너희 아빠는   너 말이 너무 심한 거 아니야?
딸바보이신가 봐. 우리 아빠가 바보라니?

오해야. 아빠가 바보라는 게   아, 그런 거였어?
아니라, 딸을 너무 사랑하는
아빠라는 뜻으로 한 말이야.

딸바보 딸 앞에서 바보가 될 정도로 딸을 너무나도
사랑하는 엄마나 아빠를 이르는 말

마른침

어디 불편해?

내일이 시험이라서 그런지
자꾸 마른침만 삼키게 되네.

물 마시면 되지 않아?

물을 마신다고
긴장이 사라질까?

좀 전에 침이 말라서
목이 마르다고 했잖아.

목이 마른 게 아니라
마른침을 삼키게 된다고 말한 거야.

침이 말라 버렸다는 뜻 아니야?

긴장했을 때 입안이
말라서 무의식적으로 침을
힘들게 삼키는 상태를 말해.

마른침 애가 타거나 긴장했을 때 힘들게 삼키는
아주 적은 양의 침

망명

괴롭힘을 피해 이웃 나라로 망명의 길을 떠났다.

콜리야, 내가 역사 이야기를 보다가 이런 말을 발견했는데 무슨 뜻인지 잘 모르겠어.

망명?

고롭힘을 당해서
망했다는 뜻인가?

망명은 정치적인
이유로 자기 나라에서
위험을 당한 사람이

다른 나라로 떠나
있는 것을 말해.

평소에 잘 쓰지 않는 어려운
낱말을 알게 돼서 뿌듯해.

망명 정치적인 이유로 자기 나라에서
위험에 처한 사람이 외국으로 몸을 옮김

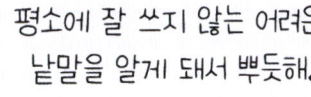

목

다 팔았어? 난 이렇게 많이 남았는데. 부럽다.

내가 너보다 목이 좋은 곳에 있어서 다 팔린 것 같아.

나도 목소리 크게 했는데….

목이 좋다는 건 내 자리가
물건 팔기에 좋았다는 말이야.

그럼 나도 다음 번에 목 좋은
곳에서 물건을 팔아야겠어.

그래.

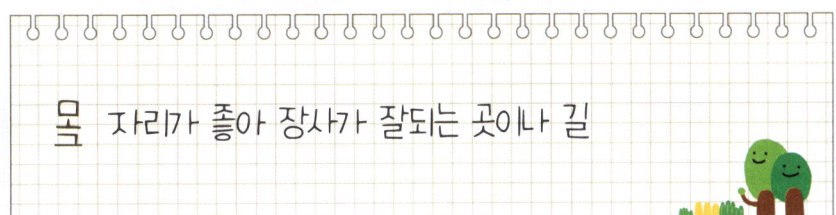

목 자리가 좋아 장사가 잘되는 곳이나 길

멋쩍다

규리는 어디 갔어?

좀 전에 재채기를 크게 한 게 멋쩍었는지 밖으로 나갔어.

규리는 정말 대단하다.

뭐가?

어떻게 해야 재채기를 멋지게 할 수 있는 거지?

재채기를 멋지게 했다는 게 아니고

어색하고 쑥쓰럽다는 뜻으로 멋쩍다고 말한 거야.

그런 뜻을 몰랐다니 지금 나야말로 멋쩍은데?

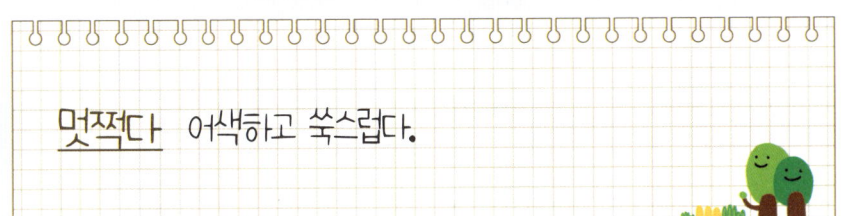

멋쩍다 어색하고 쑥스럽다.

무료하다

채리야, 뭐 해?

마침 잘 왔어.
무료해지려던 참이었어.

이거 무료 아니야.
용돈으로 사 온 거야.

사 온 거라는 거 알아.

그런데 왜 좀 전에
무료라고 했어?

무료하다고 한 거야.

심심하고 지루한 상황이었다는
뜻으로 무료하다라고 한 거지.

난 또….
공짜라는 말을
하려는 건 줄 알았네.

무료하다 흥미 있는 일이 없어 심심하고 지루하다.

무릅쓰다

와! 붕어빵이다!

내가 추위를 <u>무릅쓰고</u> 나가서 사 왔어.

무릎이 시릴 정도로 밖이 추웠어?

춥긴 했지만 무릎이 시리지는 않았어.

좀 전에 무릎을 쓰고 다녀왔다고 했잖아.

그건 내 무릎을 말한 게 아니라

어려운 일을 참고 견디다는 뜻의 무릅쓰다라고 말한 거지.

어쨌든 잘 먹을게.

무릅쓰다 힘들고 어려운 일을 참고 견디다.

무인

무인 세력이 등장했다.

규리야! 내가 역사책 읽다가
정말 신기한 사실을 알아냈어.

뭔데?

고려시대면 진짜 옛날이잖아.
그때도 무인 기술이 발달했대.

뭐라고?

여기 나오는 무인은 무술을
갈고 닦은 사람을 말하는 거야.

어쩐지 이상하다고
생각했어.

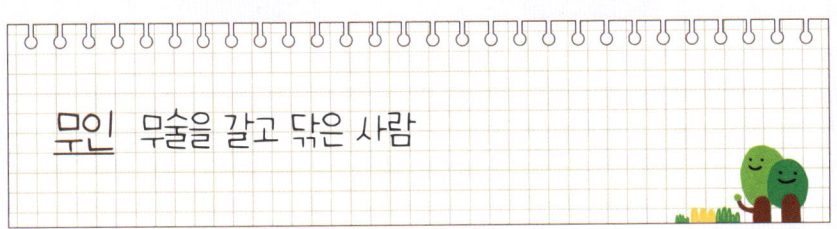

무인 무술을 갈고 닦은 사람

무제

네가 그린 그림이야?

응. 이번 공모전에 제출할 거야.

제목이 뭔데?

무제!

제목이 왜 문제야?
전혀 문제처럼 안 보이는데….

문제가 아니라
무제라고, 무제.

무제?

응. 제목이 정해지지 않았다는 뜻이야.
보는 사람이 자기 느낌에 따라
제목을 마음대로 상상해 주면 좋겠어.

무제 제목이 없음. 제목을 붙이기 어려운 경우 제목 대신에 사용하는 것

문구

광고지 좀 보여 줄래?

여기 있어. 그런데 광고지는 왜?

행사한다는 문구를 본 것 같아서 다시 찾아보려고 해.

진짜? 나도 갈래.

나도 공책이랑 연필 사야 해.

도서관 행사라서 물건을 팔지는 않을 것 같아.

방금 네가 문구 행사 한다고 하지 않았어?

문구류 제품이 아니라 광고글이라는 뜻의 문구를 말한 거였어.

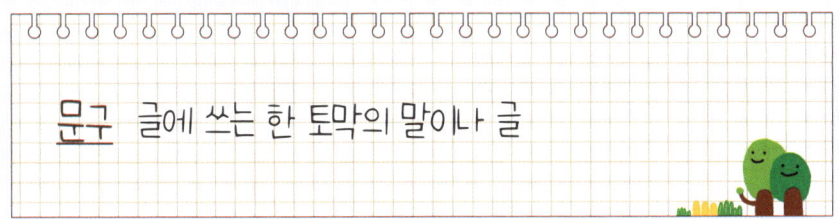

문구 글에 쓰는 한 토막의 말이나 글

문어체

회의 자료는 문어체로
작성하는 게 좋겠지?

콜리야, 왜 웃어?

크크크

아무리 네 별명이 문어라도 그렇지.
문어 말로 써 달라고 하는 게 우습잖아.

문어 말? 혹시 문어체 말하는 거야?

문어체라는 건 대화하는 말투 말고
글에서 쓰는 말을 뜻하는 거야.

내가 알고 있는
문어가 아니었다고?

문어체 대화에서 쓰는 말이 아닌, 주로 글에서 쓰는 말

물수제비

어제 낚시터 다녀왔다며?

응. 진짜 재미있었어.

물고기도 잡고
물수제비도 뜨고….

잡은 물고기로 수제비 만들어
먹은 거야? 맛있었겠다.

수제비가 아니라 회랑 라면 먹었어.

네가 <u>물수제비</u> 떴다고 했잖아?

<u>물수제비</u>는 음식이 아니라 물 표면에 돌을 튕기는 놀이잖아.

그게 <u>물수제비</u>였어? 전혀 모르고 있었네.

물수제비 돌을 물 위로 튀겼을 때 튀기는 자리마다 생기는 물결 모양

미처

송이야, 혹시 어제 공원 쪽에 서 있었어?
내가 미처 못 보고 지나친 것 같아서….

뭐라고?

어떻게 그런 심한 말을
할 수가 있니?

응?

그건 욕이잖아!

내가 지금 욕을 했다고?

미처 못 보고 지나갔다는 말은 욕이 아니라, 거기까지 생각을 못했다는 뜻으로 쓴 말이잖아.

어휴, 하마터면 네가 나쁜 말을 하는 줄로 오해할 뻔했네.

미처 아직 거기까지

바람직하다

친구가 넘어졌을 때 할 수 있는 말로
가장 바람직한 것은 무엇인가요?

1. 너무 웃긴다.　　2. 내가 도와줄게.　　3. 어디 가?

송이야, 이 문제를 틀렸는데
왜 틀린 건지 잘 모르겠어.

뭔데?

친구가 넘어졌을 때 할 수 있는 말로
가장 바람직한 것은 무엇인가요?

1. 너무 웃긴다.   2. 내가 도와줄게.   ✓ 3. 어디 가?

바람직한 걸 고르라고 했는데 네가 3번을 골라서 그렇잖아.

3번이 왜 잘못된 건지 이해가 안 돼.

바람이라는 건 나쁜 거 고르라는 뜻 아닌가?

그게 무슨 말이야? 바람직하다는 건 바랄 만한 가치가 있다는 뜻이니까 좋은 걸 골랐어야 하는 거야.

바람직하다 바랄 만한 가치가 있다.

반나절

반나절 동안 캠페인 활동을
했더니 너무 힘들고 피곤해.

겨우 그 정도로 힘들다는 거야?

겨우? 겨우라고?

반나절이면 반이니까
30분 정도 말하는 거 아니야?

한나절이 하루의 낮 동안 또는
하룻낮의 반을 말하는 거니까,
반나절은 30분보다 훨씬 길지.

정말이야?

내가 단단히 오해를 했구나.
정말 힘들었겠다.

반나절 한나절의 반

발발

역사 퀴즈 할까?

좋아.

6.25 전쟁은 몇 년도에 발발했을까요?

폭발을 잘못 말한 거 맞지?

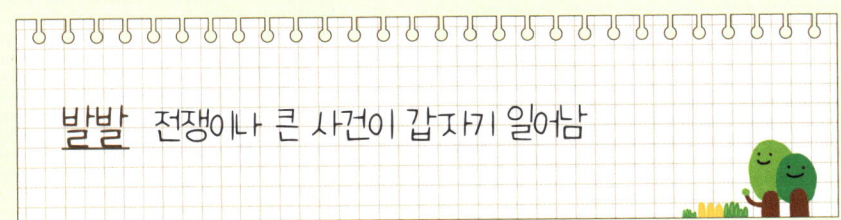

발병

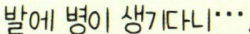

밭에 병이 생기다니….

조금 전에 뉴스에서 발에 병이 생기기 쉬운 계절이라고 했잖아.

그건 밭에 생기는 병이 아니라 병이 난다는 뜻으로 쓰인 발병이라는 낱말이야.

감기가 걸릴 수도 있다는 뜻으로 쓰인 말이었구나.

발병 병이 남

발암물질

규리야, 그거 먹지 마.

왜?

탄 음식 먹으면
감기에 걸린대.

탄 음식을 먹는데
감기에 걸린다고?

탄 음식에 바람물질이 들어 있다는 건
추워서 감기에 걸린다는 뜻 아니겠어?

혹시 발암물질을
말하는 거야?

그건 바람물질이 아니라
암을 일으킨다는
발암물질을 말하는 거야.

그런 뜻이었다고?

발암물질 암을 일으킬 수 있는 물질

버선

우리 내일 한복 입어야 하니까
집에서 버선 꼭 가지고 와.

알겠어.

다음 날

채리야, 여기 버섯 있어.

웬 버섯이야?

네가 어제 버섯 가지고 오라고 했잖아.

버섯이 아니라 버선 말야.

버선?

버선은 한복 입을 때 신는 양말 같은 거야.

<u>버선</u> 천으로 발 모양과 비슷하게 만들어 종아리 아래까지 발에 신는 물건

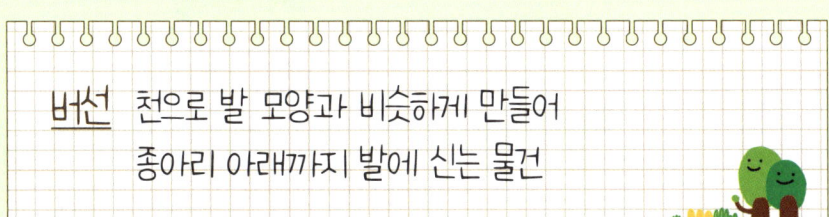

변변히

규리는 벌써 왔다가 간 거야?

응. 매번 변변히 챙겨 주지도 못하고 먼저 가서 미안하다고 전해 달래.

규리가 변비일 거라고 생각은 못했는데….

응?

규리가 변변히라면,
변비라는 말 아니야?

그 말이 어떻게
변비가 되니?

깔깔깔깔

변변히라는 건 제대로 갖추어서
충분하게라는 뜻이야.

아이쿠, 내가 잘 몰랐네.

변변히 제대로 갖추어서 충분하게

별안간

규리야, 왜 눈을 감고 있어?

별안간 먼지가 날아와서
눈에 들어갔나 봐.

별똥별이라도 본 거야?

대낮에 별똥별?

별에서 먼지가
날아왔다고 했잖아.

별안간 먼지가
날아왔다고 말한 거지.

별안간이라는 말은
갑작스럽고 아주
짧은 동안을 말해.

그렇구나. 이제는
좀 괜찮아졌어?

별안간 갑작스럽고 아주 짧은 동안

부단하다

소식 들었어? 채리가 줄넘기 대회에서 1등을 했대.

정말?

매일 **부단한** 노력을 하더니 이런 결과가 나온 것 같지?

친구가 1등을 했는데 부당하다고 말하면 어떡해.

부당하다고 한 게 아니라

끊임없이 노력했다는 뜻으로
부단한 노력이라고 말한 거야.

그래?

부단하다 꾸준하고 끊임없다.

부산하다

아침부터 부산하게
뭘 하고 있는 거야?

오늘 소풍 가기로 한 것
깜빡해서 짐 챙기고 있었어.

그런데 소풍 장소가 바뀐 거야?

글쎄, 호수 옆 공원에
가기로 한 것 아니야?

네가 좀 전에 부산에
간다고 했잖아.

부산에 간다고 한 게 아니라
부산하다고 한 거지.

급하게 서두르는 모습을 보고
부산하다고 표현한 거야.

부산하다 급하게 서두르거나
시끄럽게 떠들어 어수선하다.

분수

<오늘의 교훈>
자기 분수를 알고 행동해야 한다.

규리야, 너와 나에게도 우리만의
분수가 정해져 있는 걸까?

그렇다면 나는 $\frac{1}{2}$? $\frac{1}{3}$?

그 말이 아니잖아.

여기서 말하는 분수는
수학에서 나오는
분수가 아니라
자기한테 맞는 정도를
뜻하는 말이야.

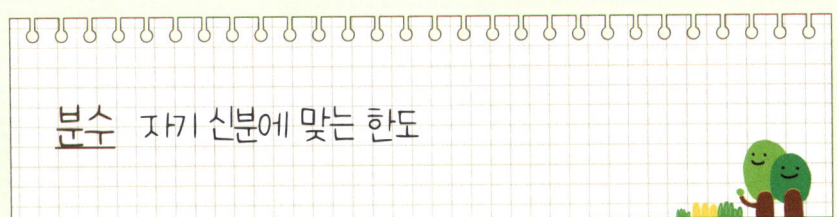

분수 자기 신분에 맞는 한도

불거지다

양말에 구멍이 나서
발가락이 불거지는 바람에….

발가락이 너무 민망해서
빨개질 정도야?

발가락이 붉어졌다는 말이 아니라
구멍 사이로 발가락이 튀어나왔다는 뜻이야.

창피하겠다.

불거지다 어떤 물건이나 상황이 갑자기 커지거나 생겨나다.

불시

송이는 어디에 있어?

조금 전에 갔어.

온 것도 못 봤는데 벌써 갔다고?

송이는 항상 불시에 왔다가 불시에 가는 것 같지?

몇 시에 왔다가 몇 시에 갔는데?

정확한 시각을 말한 게 아니라 불시라고 말한 거야.

불시라는 것은 뜻하지 않은 때라는 말이지.

예상치 못하게 왔다가 갑자기 갔다는 뜻이구나.

불시 뜻하지 않은 때

사상자

이번 사고로 두 명이
목숨을 잃었다는 소식 들었어?

정말?

다친 사람도 여덟 명이나
된다고 하던걸?

진짜 큰 사고였구나.

목숨을 잃은 사람과 다친 사람이
모두 10명이나 되다니….

사상자가 10명이라는 말이네.

다시는 이런 슬픈 사고가
일어나지 않으면 좋겠어.

맞아.

__사상자__ 죽은 사람과 다친 사람

사서

책은 내일까지 사서 선생님께 제출하래.

알겠어.

책이 왜 두 권이야?

다음 날

책을 사서, 선생님께 제출하라며?

내가?

응. 네가 어제 그랬잖아.

책을 사서 오라는 게 아니라
도서관 관리하시는 사서 선생님께
제출하라는 말이잖아.

그런 거였어?

사서 책을 관리하고 맡아 보는 사람

사장

학교 자치회에서 결정된 내용이
금세 사장되면 안될 텐데 걱정이야.

바른 말 고운 말 쓰기
친구를 배려하기

왜? 걱정을 해?
좋은 것 아니야?

결정된 것을 실행도 못하고
사장되는데 넌 괜찮다는 거야?

물론이지.

뭔가 착각을 하고 있는 것 같은데….

사장은 높은 사람이니까 좋은 뜻으로 쓴 말이 아니었어?

여기서 말하는 사장은 필요한 곳에 쓰이지 못하고 사라진다는 것을 의미하는 거야.

큰일 날 뻔했네.

사장되다 필요한 곳에 사용되지 않고 사라지거나 썩다.

사흘

그게 무슨 말이야?
숙제는 오늘 제출이야.

월요일부터 사흘이면, 4일 뒤니까 목요일에 내는 것 아냐?

하루   이틀   사흘
 ↓   ↓   ↓
1일째 2일째 3일째

사흘은 숫자 4를 말하는 게 아니야.
하루 이틀 사흘, 사흘은
3일째 되는 날이라는 뜻이야.

큰일 났다!

사흘 셋째 되는 날

산수화

어제 미술관에 다녀왔어.

어떤 작품 봤어?

산수화를 가까이서 본 건 처음이었는데 감동이었어.

미술관에 다녀왔다며. 숫자 계산을 하고 왔다는 건 무슨 뜻이야?

여기서 말하는 산수는 계산하는 산수가 아니라
산과 물이 있는 자연을 말하는 거야.

그럼 산과 물이 있는 자연을
그린 그림을 보고 왔다는 뜻이구나.

맞아. 다음에 같이 보러 가자.

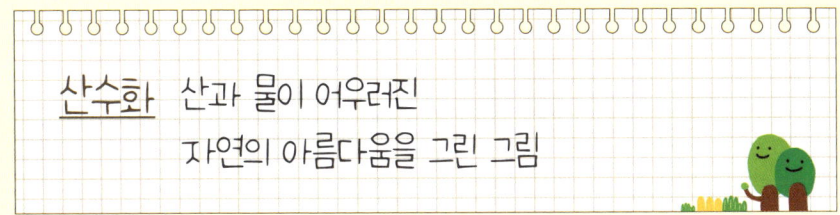

산수화 산과 물이 어우러진
       자연의 아름다움을 그린 그림

삼삼하다

보아야, 점심 먹었어?

응. 할머니께서 끓여 주신 멸치국수 먹었어.

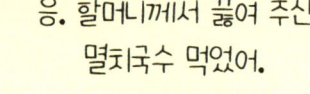

맛있었겠다.

국물이 삼삼한 게 정말 맛있었어.

세 그릇이나 먹다니, 정말 맛있었나 보구나.

어? 내가 세 그릇 먹은 거 어떻게 알았어?

네가 삼삼하다고 했잖아.

그건 숫자 3이 아니라, 국물이 싱거운 듯하면서 맛있다는 뜻으로 한 말이야.

삼삼하다 음식 맛이 조금 싱거운 듯하면서 맛이 있다.

선잠

피곤해 보여.

잠을 잘 못 잤어.

어쩌다가?

오늘 발표가 걱정돼서 선잠을 잤거든.

아무리 발표 연습이 중요해도
잠을 서서 자면 어떡하니?

서서 잔 거 아닌데?

선잠을 잤다고 했잖아.

서서 자는 게 아니라 깊이 잠들지
못하는 잠을 선잠이라고 해.

선잠 깊이 들지 못하는 잠

선의의 거짓말

솔직히 말해 줘. 어제 내가 만든 음식이 맛있다고 해 준 건 선의의 거짓말이었겠지?

왜?

내가 다시 먹어 보니까 너무 맛이 없었거든.

난 정말 괜찮았는데. 선희는 왜 거짓말을 했을까?

선희가 거짓말을
했다는 게 아니고….

그럼?

나쁜 의도가 없는
선의의 거짓말이라고 한 거야.

그렇다면 난 선의의 거짓말이
아니라 진심이었다는 걸 알아줘.

선의의 거짓말 남에게 해가 되지 않는
좋은 뜻으로 하는 거짓말

설익다

채리야, 표정이 왜 그래?

설익은 감을 먹었어.

설익은 감? 시원해서 맛있었겠다.

설익은 감이 맛있다니
대체 무슨 말이야?

한자로 눈 설(雪)이니까,
얼음이 사각사각 씹히는
얼린 감 말하는 거 아니야?

설익었다에서 '설'은 덜 익어서
떫은 맛이 난다는 거야.
어때? 한 번 먹어 볼래?

괜찮아.

설익다 익은 정도가 충분하지 않다.

소모품

필요한 소모품은 내가 사 올게. 여기에 적어 주겠니?

꼭 작은 물건만 사야 돼?

꼭 작은 것만 사야. 하는 것은 아니지.

빗자루가 필요한데….

빗자루는 사도 돼.
대체 뭘 걱정하는 거야?

소모품이라면 '소(小)'이니까
작은 물건을 말하는 것 아니야?

소모품은 쓰는 대로 닳아서
줄어드는 물건을 말하는 거야.
종이, 연필, 빗자루도 포함돼.

다행이다.

<u>소모품</u> 쓰는 대로 닳거나 줄어들어 없어지거나
        못 쓰게 되는 물건

속다

보아야, 옷이 왜 그래?

지난 봄에 내가 심은 나무를 속아 내고 오느라 이렇게 됐어.

진짜? 안됐다.

왜?

나무가 너를 속였다며.
나무가 죽은 거야?

나무가 나를 속인 게 아니라
나무를 속아 냈다는 말이야.

촘촘히 있던 것을 뽑아내서
다듬어 주었다는 뜻이지.

그렇구나.

솎다 촘촘히 있는 것을 군데군데 뽑아서 성기게 함

송구하다

제가 이렇게 큰 상을 받게 되어 송구스럽습니다. 앞으로 더 열심히 하라는 뜻으로 알고 살아가겠습니다.

송이야, 이번에 상 받은 것 축하해.

고마워.

그런데 네 소감문 중에
송구스러운 게 무슨 뜻이야?

큰 상을 받은 것이
마음이 편치 않다는
뜻으로 쓴 말이야.

그렇구나. 넌 참 겸손한
친구인 것 같아.

별 말씀을….

송구하다 두려워서 마음이 거북스럽다.

시장하다

보아야, 어디 가?

할머니께서 시장하다고 하셔서 음식 좀 사 오려고….

시장에 가는 건 아니고 김밥 가게에 다녀올 거야.

시장은 이쪽인데?

시장 가는 길

시장에서 음식을 산다는 말을 한 거 아니었어? '시장'은 배가 고프다는 말이야.

시장이 반찬이다라는 속담도 있잖아. 나도 그 속담 알아!

시장하다 배가 고프다.

심드렁하다

이따 자전거 타러 갈까?

코리야! 내 말 들었어?
왜 그렇게 심드렁해 있어?

내가 언제 코를 골았다고 그러니?

코 골았다고 한 거 아닌데?

좀 전에 내가 심드렁하다고 했잖아.

관심 없어 보인다는 뜻으로 심드렁하다는 말을 한 거지.

드르렁 코를 골았다는 말이 아니었구나.

심드렁하다 마음에 들지 않아 관심이 거의 없다.

심심한

송이야, 나 어제
반 대표로 뽑혔어.

축하해.

친구들에게 감사 편지를
썼는데 들어 볼래?

그래.

저를 믿어 주시고
반 대표로 뽑아 주신
우리 반 친구들에게
심심한 감사를 드립니다.

감사 표현을 하는데
심심하다고 하면
성의 없어 보이지 않을까?

심심하다는 말은
마음을 깊게
표현한다는 뜻이야.

그렇다면 통과!

<u>심심한</u> 마음의 표현 정도가 깊고 간절한

십분 이해하다

내가 만든 작품이 망가졌어.

어쩌다 그렇게 된 거야?

다른 쪽으로 옮기려다가 떨어뜨렸지 뭐야.

정말 속상하겠다. 나도 그런 적 있어서 네 마음이 십분 이해돼.

아무리 그래도 10분만 공감해 주는 게 어됬니?

그런 뜻이 아니라

십분 이해한다는 말에서 십분은 아주, 충분히를 뜻하는 말이야.

내 마음을 충분히 이해한다고 말한 거였구나.

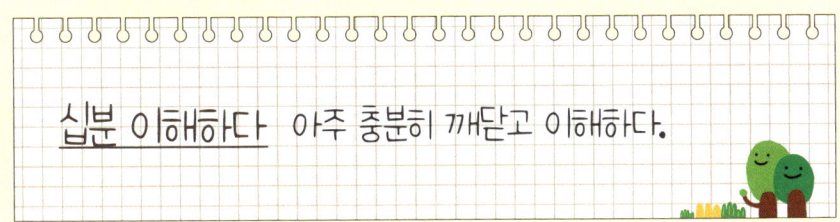

<u>십분 이해하다</u> 아주 충분히 깨닫고 이해하다.

아름드리

우리 어디에서 만날까?

공원에 아름드리나무 한 그루가 있어. 그 앞에서 만나자.

나무가 이렇게 많은데 아름다운 나무를 어떻게 찾지?

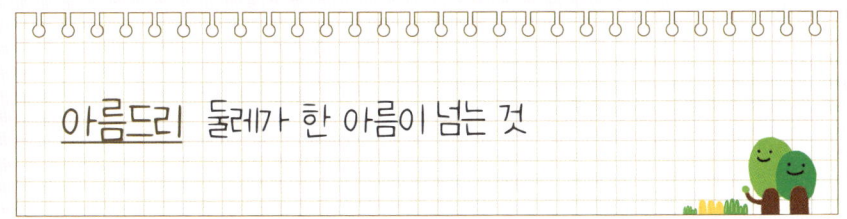

연일

우리 지역에 연일 비가 내리고 있어 주의가 필요합니다.

콜리야, 조금 전에 날씨 예보 들었어?

응.

현장 학습 가는 곳에 무슨 일이 생겼나 봐.

무슨 일?

뉴스에서 연일 때문에
주의가 필요하다고 했잖아.

연일은 여러 날을
말하는 거야.

며칠 동안 비가
내리고 있다는 뜻이지.

다행이다. 큰일이 생긴 줄 알았네.
그럼 비옷만 챙겨 가면 되겠지?

연일 여러 날을 계속하여

영문

채리는 왜 화가 난 거야?

글쎄.

내가 물어볼까?

무슨 영문인지 궁금한걸?

그럼 난 영어 잘 못하니까 네가 물어봐.

나도 영어 잘 못해. 왜 영어로 말하라는 거야?

네가 영문이 궁금하다고 했잖아.

영어의 영문이 아니라 일이 어떻게 돼 가는지를 말하는 영문이라는 뜻이었어.

영문 일이 돌아가는 상태

옹기

김치를 옹기에 담아야겠지?

정말 그런 것 같아.

그런 것 같다니
무슨 뜻이야?

김치를 만드는 데는
용기가 많이 필요하지.

재료 손질도 어렵고
맛을 내는 것도 어려우니까
아무래도 용기가 필요하겠지.

내 말을 오해한 것 같은데,
흙으로 구운 장독대 같은 옹기에
담아야 한다는 말을 한 거야.

그런 말이었어?

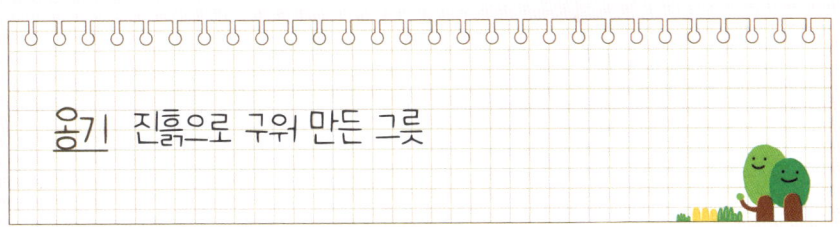

옹기 진흙으로 구워 만든 그릇

우천 시

우리 마을 축제가 열립니다.
0월 00일 공원 앞 운동장
✽ 우천 시 장소 변경 ✽

마을 축제 꼭 가고 싶었는데
잘 모르는 곳에 가는 게 부담스러워.

우리가 매일 가서 노는
공원에서 하는 건데?

공원은 잘 아는데, 우천 시는
어디인지 잘 모르겠어.

우천 시는 지역 이름이 아니야.

비가 올 경우를 말하는 거야.

비가 오면 장소가
변경된다는 뜻이었구나?

우천 시 비가 올 때

우유부단

우유 마실까?

그럼 내가 주스 마실게.

아니다. 그냥
주스 마셔야겠다.

그럼 우유는 내가 마실게.

그냥 우유 마실까?

네가 그렇게 우유부단한 성격인 줄 몰랐어.

응? 우유 마시라고?

우유를 마시라는 게 아니라, 망설이기만 하고 결단성이 없는 것을 우유부단이라고 해.

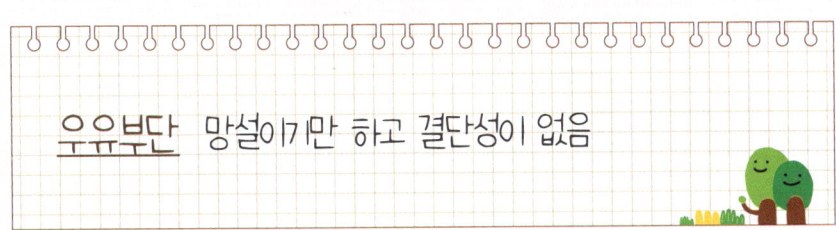

우유부단 망설이기만 하고 결단성이 없음

유선상

코니야, 시험 잘 봤어?

글쎄….

너라면 잘했을 거야.

근데 안내문 중에 이게 무슨 말인지 잘 모르겠어.

합격자는 유선상으로 안내해 드립니다.

이 말이 무슨 뜻일까?

전화로 안내해 준다는 뜻이야.

예전에 선 달린 전화 쓸 때 쓰던 말이래.

그럼 지금부터 연락 오는 것 잘 받아야겠네.

유선상 전선에 의한 통신 방법

은어

너 아까 보니까 은어를
자주 쓰는 것 같더라.

난 은어 좋은데,
넌 별로야?

은어가 좋다고?
진심이야?

난 은어구이, 은어회
다 좋아해. 맛있잖아.

내가 말한 은어는 생선이
아니라 네가 하는 말 말이야.

내가 하는 말?

다른 사람들이 알아듣지 못하도록
자기들끼리만 쓰는 말을 얘기한 거야.

앞으로 조심할게.

<u>은어</u> 다른 사람들이 알아듣지 못하도록
자기네 구성원들끼리 사용하는 말

을씨년스럽다

가을이 되니 을씨년스러운 기분이 드네.

너 설마 지금 욕한 거니?

뭐라고?

을씨… 라고 욕한 거 아니야?

내가 왜 갑자기 욕을 하겠어?

잘못 들은 건가?

을씨년스럽다는 말은 분위기가 쓸쓸하다는 뜻이야.

그런 거야?

을씨년스럽다 날씨나 분위기가 쓸쓸하다.

이듬해

조선 시대의 얼음 창고에서는 겨울에 만든 얼음을 이듬해까지 보관할 수 있었대. 대단하지 않아?

그게 뭐가 대단한 일이야?

얼음을 이듬해까지 녹지 않게 보관했다는 사실이 신기한 게 아니라고?

얼음 창고에서 며칠 보관하는 게 신기한 일인가?

이듬해라는 건 다음 해, 내년을 말하는 거야.

정말? 말도 안 돼!

올해 얼린 얼음이 냉동실도 아닌 곳에서
다음 해까지 남아 있다고? 믿을 수가 없다!

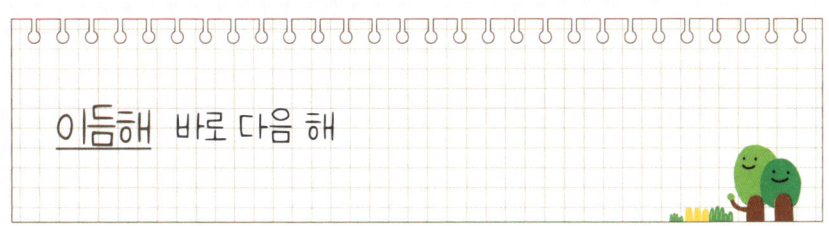

<u>이듬해</u> 바로 다음 해

이래라 저래라

채리야, 대체 뭘 하고 있는 게니?

날더러 '일해라, 절해라' 한다고 해서 일도 하고 절도 하고 있었어.

'일해라, 절해라'가 아니고
네가 너무 참견한다는 뜻으로
<u>이래라 저래라</u>라고 말한 것 같은데.

그런 뜻이었어?

간섭해서 미안하다고
사과해야겠네.

<u>이래라 저래라</u> 이렇게 해라 저렇게 해라
간섭하는 것

익일

하루 만에 배송된다고 해서
주문을 했는데 대체 언제
받을 수 있다는 뜻이야?

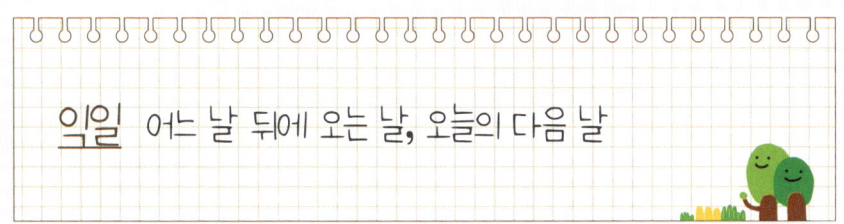

익일 어느 날 뒤에 오는 날, 오늘의 다음 날

인용

규리야, 어제 네가 쓴 글 너무 좋더라.
내일 발표할 때 인용해서 써도 될까?

발표할 때
인형 쓰고 싶다고 했잖아.

인형이 아니라 네 글을
인용하겠다고 한 건데?

네가 쓴 글을 끌어다가
쓰고 싶다고 말한 거였어.

내가 잘못 이해했구나.

인용 남의 말이나 글을
　　　자신의 말이나 글 속에 끌어 씀

일괄

도서관 알림판

여름 방학 전에 대여한 도서를
일괄 반납해 주시기 바랍니다.

지금까지 빌린 책을
다 가지고 온 거야?

응. 넌 벌써 다 반납했어?

일괄 반납이라고 해서 오늘
빌린 것 한 권만 가지고 왔어.

일괄은 전부 다를
뜻하는 말이야.

그래? 얼른 가서 다
가지고 와야겠다.

__일괄__ 개별적인 여러 가지를 한곳에 묶음

일쑤

보아야, 감기 걸렸어?

응.

추운데 밖에서 오래
놀기 일쑤더니만….

뭐? 너 정말 너무하구나.

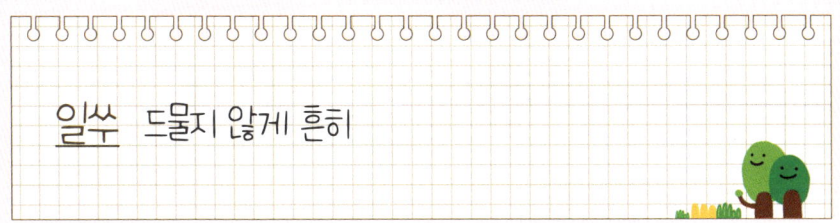

잦아들다

코니야, 아직 출발 못했어?

바람이 너무 세게 불고 있으니
바람이 조금 작아들면 갈게.

뭐라고?

바람이 작아들면 출발한다니
그게 무슨 말이야?

바람이 지금보다 덜
불 때 출발할 거니까
이해해 달라고….

그럼 바람이 작아드는 게 아니라
잦아든다라고 해야 하는 거 아닐까?

내가 잘못 알고 있었구나.

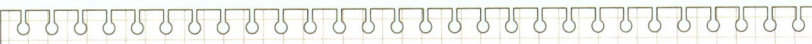

잦아들다 들뜬 기운이 가라앉아 잠잠해지다.

재량

나 이거 해도 돼?

네 마음대로 해.

그럼 이건 해도 돼?

뭐든 네 재량껏 해 봐.

아잉, 아잉,
나 이거 해도 돼?

지금 뭐 하는 거야?

재롱 피우라고 한 것 아니야?

재량껏, 네 생각과 판단에 따라 하라는 말이었어. 미안하지만 너의 재롱은 전혀 보고 싶지 않아.

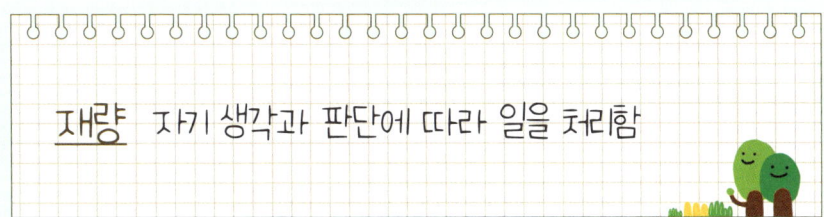

재량 자기 생각과 판단에 따라 일을 처리함

잰걸음

5분밖에 안 남았잖아?
잰걸음으로 가야 할 것 같아.

잰걸음이라고? 알겠어.

하나, 둘, 셋, 넷.

채리야, 지금 뭐 하는 거야?

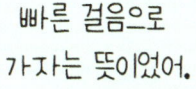

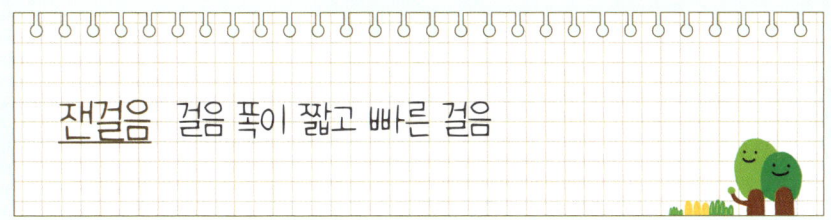

저급하다

늦었어. 얼른 가자.

아직 시간 괜찮은 것 같은데?
저급하게 가도 될 것 같아.

너무 급하게 가지 말고
저급하게 가자.

저급하다는 건 질이
좋지 않다는 뜻이야.

정말이야? 난 저급하다가
급하다의 반대말인 줄 알았어.

아이코, 큰일 날 소리!

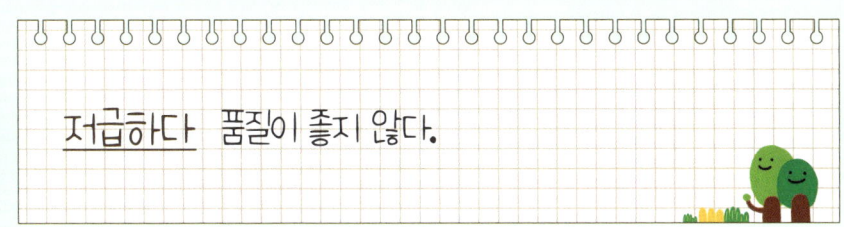

저급하다 품질이 좋지 않다.

조아리다

콜리야, 이것 좀 봐 줄래?

응.

겁먹은 신하는 왕 앞에서
머리를 조아리며 말했다.

여기 이 낱말
잘못 쓰인 것 아니야?

'좋아'를 '조아'라고 잘못 쓴 것 아닐까?

잘못 쓴 게 아니라 '조아리다'라는 낱말을 쓴 것 같은데?

애원하느라 머리를 숙이는 모양새를 말하는 거야.

그렇구나.

조아리다 상대편에게 존경의 뜻을 보이거나 애원하느라 머리를 숙이다.

좇다

친구 의견만 좇다 보니
내 생각이 사라지는 것 같아.

술래잡기라도 한 거야?

술래잡기라니?

친구를 쫓아 갔다고 했잖아.

쫓아 간 게 아니라
좇았다고 말한 거야.

좇다?

다른 사람의 말이나 생각을 따르는
것을 좇다라고 해. 실제로 뭔가를
잡기 위해서 따라가는 것은 쫓다라고 하지.

비슷한 듯하면서
뜻이 다르구나.

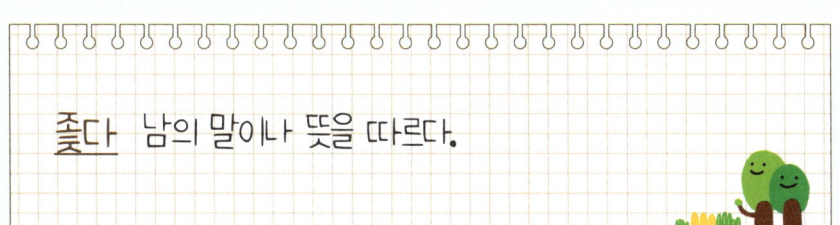

좇다 남의 말이나 뜻을 따르다.

줄기차다

그건 무슨 상이야?

줄기찬 노력을 한 끝에 대회에서 우승을 차지했어.

꽃꽂이 대회라도 나간 거야?

나 어제 태권도 대회 나갔잖아.

줄기라고 말해서 식물 꾸미기를 하는 건 줄 알았어.

식물 줄기가 아니라 줄기차게라고 말한 거야.

계속 끊임없이라는 뜻으로 한 말이지.

그렇구나. 채리야, 정말 축하해.

줄기차다 세차고 끊임없이 계속되다.

중식

〈현장체험학습 안내〉

10:00 박물관 도착

12:00 박물관 관람

13:00 점심시간

14:00 공연 관람

15:00 집으로 출발

＊ 참고사항 ＊

중식 제공, 마실 물과 개인 간식만 준비

나 어제도 자장면 먹어서 중식은 별로인데…. 도시락 가져가야 하나?

코니야, 여기서 중식은 중국음식이 아니라 점심밥이라는 뜻이야.

그래?

중식 점심에 먹는 밥

진지

콜리야, 엄마 진지 드시라고 해.

네.

훌륭하신 나의 어머니,
어서 오셔서 밥 드세요.

뭐?

갑자기 훌륭? 어머니?

아빠께서 엄마께 진지하게 말하라고 하시던데요?

진지하게 말하는 게 아니라, 밥을 높여 부를 때 진지라고 하거든. 진지 드세요라고 하면 돼.

그런 뜻이었어요?

진지 밥의 높임말

짐짓

어제 친구들이 깜짝파티 해 줬다며?

응. 그런데 사실은 말야.

며칠 전부터 이미 알고 있었어.

정말?

친구들이 이야기하는 걸
우연히 듣게 됐거든.
그래도 짐짓 놀라는 척했지.

이미 알고 있는 걸
짐작한 거라고?

짐작한 게 아니라, 마음은 아닌데
그렇게 했다는 뜻의 '짐짓'이라고 한 거야.

일부러 그런 척했다는 뜻이구나.

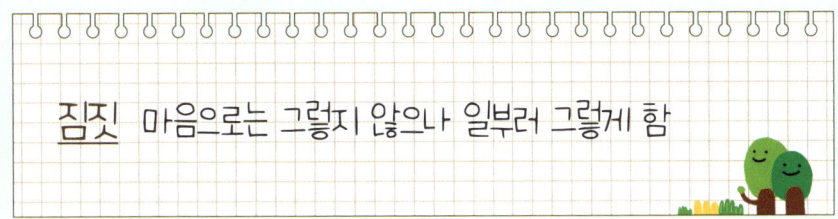

짐짓 마음으로는 그렇지 않으나 일부러 그렇게 함

책망

도서관에서 빌린 책에
우유를 엎질러 버렸어.

이미 벌어진 일인걸.
스스로 책망해도 소용 없잖아.

새 책을 사서 반납하려고 했는데
망했다고 하다니…. 너무한 거 아니야?

망했다고 한 게 아니야.

네가 그랬잖아.
책이 망했다며…

책망이라는 건 잘못을 못마땅하게 여긴다는 뜻이야. 너를 너무 못마땅하게 생각하지 않아도 돼.

미안해. 내가 오해를 했구나. 서점에 책 사러 같이 가지 않을래?

책망 잘못을 꾸짖거나 못마땅하게 여김

책벌레

송이 넌 길에서도
책을 읽는 책벌레구나?

말이 너무 심한 거 아니야?

어떻게 나한테
벌레라고 할 수 있어?

네가 책을 읽는 데 열중해서
내가 부르는 것도 못 듣길래
책벌레라고 한 것뿐이야.

책벌레 책을 많이 읽거나 공부하는 데 열중하는 사람

코웃음

아까 송이가 우리 모둠 보면서
코웃음 치는 거 봤어?

아니. 못 봤는데.

나는 송이가 우리를 비웃는
것 같다고 생각했어.

내 말이 그거야.
송이가 코웃음을 쳤어.

송이가 코까지 웃을 정도로
빵 터지지는 않았다니까….

코웃음은 그런 뜻이 아니잖아.

비웃는 것처럼 가볍게 웃는 모습을
코웃음이라고 하는 거야.

그렇다면 송이가 코웃음
친 게 맞아. 완전 맞아!

코웃음 비난하기 위해 콧소리를 내거나
       코끝으로 가볍게 웃는 웃음

턱없이

플라스틱 병 많이 모았어?

모으긴 했는데 로봇 작품 만들기엔 턱없이 모자라.

그럼 거의 다 만든 거야?

아니. 턱없이 모자라.

로봇 턱 만드는 게
부족하다고 하지 않았어?

로봇 턱이 아니라
턱없이 모자라다고….

턱없이라는 말은 수준에
맞지 않게라는 뜻이야.

많이 모자라다는
뜻이었구나.

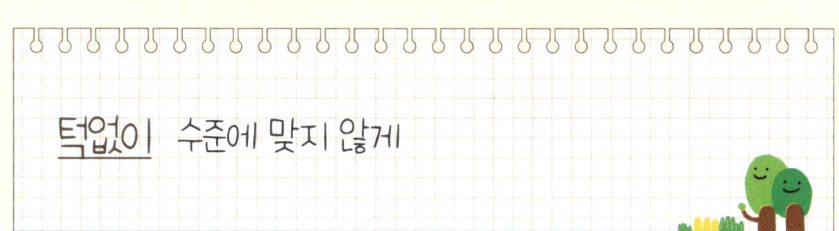

턱없이 수준에 맞지 않게

풍성하다

가을이라 그런지 나무마다
열매가 풍성하게 열렸네.

어디? 어디?

여기도, 저기도···.

어디? 어디?

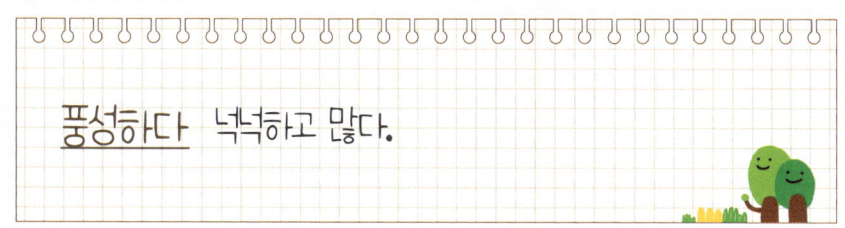

하릴없이

콜리가 숙제로 만들어 놓은
작품이 물에 젖어 버렸대.

진짜야?

콜리가 하릴없이
쳐다보고 있어서
안타까웠어.

안됐다.

근데 왜 콜리는 할 일 없이
보고만 있는 거야? 치우는 거라도
도와줘야 하는 거 아닐까?

할 일 없는 게 아니라
하릴없다는 말을 한 거야.

하릴없다는 말은
어떻게 할 도리가 없다는 뜻이지.

그래, 어쩔 수 없다니….
콜리의 마음이 이해가 된다.

하릴없이 어떻게 할 도리가 없이

한살이

무슨 책 읽어?

나비의 한살이!

번데기에서 나비가
된다는 내용을 본 것 같은데···.

응, 맞아.

근데 왜 나비가 한 살이야?

나비의 나이가
한 살이라는 게 아니고

세상에 태어나서
죽을 때까지의 기간을
한살이라고 해.

그렇구나.

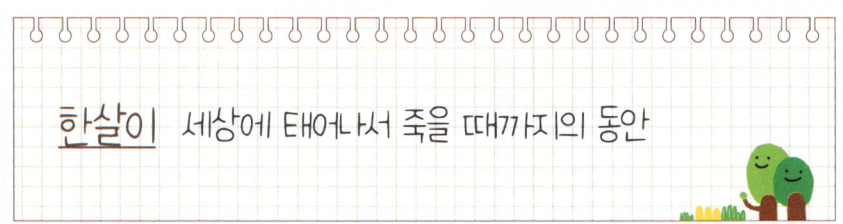

한살이 세상에 태어나서 죽을 때까지의 동안

한숟

케이크 네가 먹었어?

음, 아니….

먹었잖아. 입가에 다 묻었는걸?

들켰네.

겨우 한술 먹었을 뿐이야.

겨우 한술?

한술만 먹었다고 하기에는
입가에 증거가 너무 많이 남아 있구나.

한술 숟가락으로 한 번 뜬 음식, 적은 양의 음식

함구

왜 그래?

채리가 어제 일에 대해서 계속 함구하잖아.

함구하다니?

자기가 불리할 것 같으니 어제 실수한 일에 대해서 말을 안 하고 버티고 있어.

햅쌀

가래떡을 구워서 꿀에
찍어 먹으니까 훨씬 맛있다.

맞아.

햅쌀로 만든 거라
더 고소한 것 같아.

쌀을 햇살 아래에서
말려서 만든 건가?

햇살로 만들었다는 게 아니라
햅쌀로 만들었다는 말이야.

햇살이 아니라 햅쌀?

올해 새로 나온 쌀을
햅쌀이라고 해.

새로 나온 쌀로 만들어서
더 신선하고 고소한 맛이 났구나.

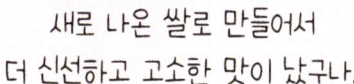

햅쌀 그해에 새로 난 쌀

햇과일

벌써 가을인가 봐.

난 가을이 되면 햇과일 먹을 생각에 기분이 좋아.

나는 핵과일은 별로야. 씨가 커서 먹기 불편해.

핵과일?

규리야,
핵과일이 아니라 햇과일이야.

햇과일?

올해 새로 나온
과일을 말하지.

나는 핵처럼 가운데 씨가
크게 들어 있는 과일을
말하는 줄 알았어.

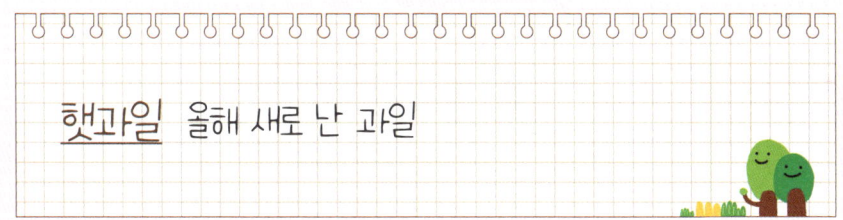

햇과일 올해 새로 난 과일

호응

어서 와. 보아는 어디에 있어?

보아도 곧 올 거야.

그런데 보아도 같이 오는 것은 어떻게 알았어?

네가 있는 곳에 보아도 항상 같이 있잖아.

너희 둘은 마치
문장의 호응 관계 같아.

어떤 말이 오면 그 뒤에 따라오는
문장의 호응 관계 말이지?

얘들아! 어서 와.

호응 앞에 어떤 말이 오면
　　　거기에 응하는 말이 따라오는 것

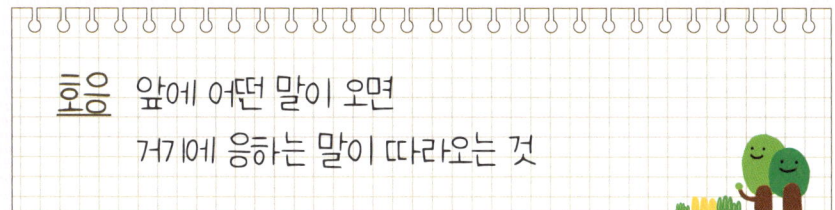